DESCRIPTION
DE
LA GROTTE
DE VERSAILLES.

A PARIS.

M. DC. LXXIV.

AVEC PRIVILEGE DU ROY.

DESCRIPTION DE LA GROTTE DE VERSAILLES.

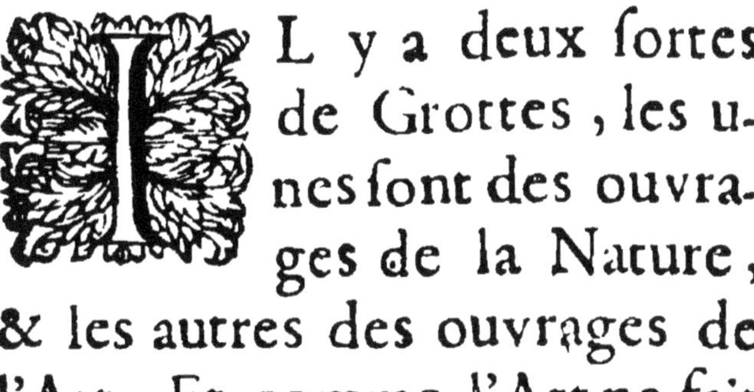

IL y a deux ſortes de Grottes, les unes ſont des ouvrages de la Nature, & les autres des ouvrages de l'Art : Et comme l'Art ne fait jamais rien de plus beau que quand il imite bien la Nature ; auſſi la Nature ne produit rien de si rare, que lors qu'il semble que l'Art y a mis la main. Ceux qui ont eu assez de curiosité pour entrer dans les Grottes de Tibiran, qui sont dans les Pyrenées, en ont remarqué trois, qui sont comme un Appartement complet, & où l'on voit une imitation assez juste de ces riches ornemens dont l'on pare les lambris & les plafonds des chambres les plus superbes. Car les voûtes de ces lieux soûterrains sont enrichies de plusieurs roses de cristal ; & dans les costez, il y a des especes de pilastres formez par la congellation des eaux, dont les goutes descendant du haut de la voûte par differens intervalles, ont marqué les canelures qu'on y voit. Entre ces pilastres, il paroist comme des niches remplies de certaines figures aussi d'eaux congelées, qui tiennent lieu de statuës ; & qui en auroient encore plus l'apparence, si le Hazard & la Nature avoient pû executer ce qu'ils semblent avoir eu dessein de faire ; mais comme ils travaillent aveuglément, on ne voit ny proportion ny simetrie dans ce qu'ils fon. C'est pourquoy la Nature pour reparer ces défauts, employe souvent dans ses productions la richesse de la matiere, & la varieté des couleurs dont elle eſt maitreſſe.

L'Art eſt pauvre de ſoy, mais voyant clair dans ce qu'il fait, & eſtant conduit par la Raiſon qui l'éclaire, il travaille avec ordre. Il imite tout ce que la Nature produit, & lors qu'il veut faire un ouvrage accompli, il s'aſſocie avec elle pour travailler de concert; la Nature fournit la matiere, & l'Art luy donne la forme.

On peut dire de Verſailles que c'eſt un lieu où l'Art travaille ſeul, & que la Nature ſemble avoir abandonné pour donner occaſion au Roy d'y faire paroiſtre par une eſpece de creation, ſi j'oſe ainſi dire, plusieurs magnifiques ouvrages, & une infinité de choses extraordinaires; mais qu'il n'y a point d'endroit dans toute cette Royale Maison, où l'Art ait reüssi plus heureusement que dans la Grotte de Thetis.

Ce lieu, dont la forme est quarrée, est basti proche le Palais, du costé de la Tour-d'eau. C'est un massif de pierre taillée rustiquement, & ouvert par trois grandes arcades fermées de portes de fer d'un ouvrage encore plus ingenieux que riche. Il y a au haut de la porte du milieu un Soleil d'or, dont les rayons se répandans de toutes parts, forment les barreaux de fer qui font les trois portes de ce lieu: Et comme elles font toutes tournées vers le Couchant, on voit fur le foir, quand le Soleil vient à les éclairer, que cet or reçoit un nouveau luftre; & que ces feints rayons paroiffent de veritables traits de lumiere.

Trois grands Bas-reliefs ornent la face de ce bâtiment; Celuy du milieu reprefente le Soleil qui defcend dans la mer; Les deux autres font remplis de Tritons & de Syrenes qui fe réjouyffent de fa venuë. Il y en a encore d'autres plus petits de forme ronde, où font les Amours des eaux qui fe joüent fur des Dauphins; tout cela pour marquer en quelque ſorte l'intention de celuy qui a donné le deſſein de tout cet ouvrage.

Car pour juger mieux de ſa beauté, & avec quel eſprit toutes choſes y ſont conduites, il faut ſçavoir qu'on a pretendu figurer le Palais de Thetis, où le Soleil ſe retire aprés avoir fini ſa courſe, & communiqué ſa lumiere à toute la terre.

Pour répondre à l'idée qu'on peut avoir de la demeure de Thetis, que les Poëtes ont feint eſtre la Deeſſe de la mer, il falloit ſans doute former un Edifice qui ne paruſt point bâty de la main des hommes, mais par la Nature; au milieu des eaux, d'un ordre ſolide, embelly d'une maniere convenable à ſa ſituation, & enrichy de ce qu'il y a de plus precieux dans la Mer.

Tous ceux qui ont voulu faire des Grottes dans les Palais & dans les Maiſons de plaiſance, n'y ont pas toûjours bien reüſſi. Ils ont creu que pour avoir des lieux frais pendant les chaleurs de l'Eté, il falloit choiſir des endroits ſous terre; les orner de ſtatuës, & de tout ce que l'Art peut inventer de plus riche. D'autres en ont fait au bout des allées, qu'ils ont revétuës de pierres ruſtiques, & de peintures agreables. Ces dernieres ſont proprement ce que les Italiens appellent Loges, qui sont des Cabinets commodes pour se reposer & goûter le frais. Les peintures y conviennent bien, & les rendent plus divertissans: C'est ainsi que sont ceux que Raphaël a peints dans Rome, comme les Loges du Palais Ghisi. Mais il est aisé de juger que les rocailles, ny les coquillages n'ont nul rapport avec les Tableaux; c'est se mocquer de la Nature & la défigurer, au lieu d'en vouloir faire une belle imitation. Pour celles que l'on fait dans les lieux soûterrains, elles seroient plus tolerables, si l'on n'y méloit point des Ouvrages trop achevez, & qui n'y conviennent pas ; neanmoins il y a encore à redire, en ce qu'elles ne ſont pas d'un grand uſage, parce que la fraiſcheur y eſtant quelquefois exceſſive, & l'air trop humide & mal ſain, l'on n'y eſt pas ſi-toſt entré, qu'on deſire d'en ſortir pour reſpirer un air plus doux.

La Grotte de Verſailles eſt faite pour y demeurer auſſi long-temps qu'on peut le ſouhaiter ſans y ſouffrir l'excés du froid. Et cependant comme elle ne reçoit le jour que par les trois portes qui en font l'ouverture, on ne peut point dire que ce ſoit une Loge, ny un Cabinet, puis qu'elle a toutes les apparences d'une Grotte taillée dans un rocher, mais ornée par les mains des Divinitez qui l'habitent. Car elle est disposée de telle maniere, que vis-à-vis des trois portes il y a trois enfoncemens separez par deux massifs ou gros pilliers isolez. Et quoy qu'ils soient faits pour soûtenir la voûte, on voit qu'ils y sont aussi pour l'ornement; & que l'enfoncement du milieu estant le principal endroit où Apollon va se retirer, les deux autres qui sont à costé sont destinez pour ses chevaux.

Ainsi ce lieu n'a de lumiere que celle qui entre par les portes, & comme c'est un air qui vient de dehors & qui se rafraichit en passant continuellement par les ouvertures ; il eſt doux & ſerein, ce qui fait qu'on ne ſe laſſe jamais d'y demeurer, parce qu'outre la beauté du lieu, on y jouyt encore d'une veuë, qui eſt d'autant plus agreable, que ſe trouvant reſſerrée dans les ouvertures des Portes, on voit comme autant de riches Tableaux, où la Nature elle-même repreſente dans une perſpective admirable, le parc & les collines qui l'environnent.

Mais pour y faire paroiſtre toutes les marques d'une Grotte naturelle, & extraordinaire en meſme temps, il n'y a rien où l'Art n'ait eu ſoin de cacher ſon travail autant qu'il a pû ; & meſme pour mieux imiter la Nature , il en a emprunté tout ce qu'il a jugé propre à compoſer les differens Ouvrages dont ce lieu eſt embely.

Il eſt pavé de petits cailloux ronds ſi unis & ſi égaux, que le choix en eſt tout particulier. On ne s'eſt pas contenté de les bien arranger les uns auprés des autres, on les a diviſez par compartimens , & ſeparez par des bandes de differens marbres.

Tout autour de la Grotte regne un Zocle de pierre ruſtique qui ſert de fondement & de baſe à tout l'édifice , & qui repreſente parfaitement bien un veritable rocher.

Mais comme ce lieu eſt la demeure des Divinitez, & qu'il n'y a rien qui ne ſoit enrichi, ce Zocle eſt formé par compartimens de diverſes ſortes de pierres, & tout le reſte de la Grotte eſt baſty de Nacre de perle, & ſemble n'eſtre fait que d'une ſeule piece, qu'on a voulu embellir par une infinité d'ornemens, dont la varieté des entrelas & des figures n'eſt pas moins agreable que la diverſité des coquillages dont ils ſont formez.

L'entrée qu'on peut dire ſervir comme de Veſtibule ou d'Avant-Grotte aux trois autres qui ſont plus enfoncées, eſt diviſée en trois parties qui font trois arcades, dont les

voûtes

voûtes ſont en croiſées d'Ogives.

Comme on a voulu repreſenter la Grotte d'une Divinité, on l'a parée le plus richement qu on a pû ; mais d'une richeſſe convenable à un lieu ſitué au milieu de la Mer, & de choſes qui croiſſent dans les eaux. Car on ſuppoſe que la Nature luy a donné ſa premiere forme, & que les Deeſſes qui l'habitent, l'ont parée de tous les ornemens qu'on y voit, & dont elles meſmes ont fait comme de riches Tableaux peints & brodez d'une maniere toute particuliere. En effet ſi les Anciens qui ont toûjours fait l'honneur à leurs Dieux de leur attribuer l'invention de toutes choſes, euſſent voulu donner la gloire de cette nouvelle ſorte de travail à quelqu'une de leurs Divinitez, ils n'auroient ſans doute jetté les yeux que ſur Thetis; mais quoy qu'ils ayent cet avantage d'eſtre Inventeurs de pluſieurs Arts, ils n'ont point connu cette façon de peindre. Ils ont fait des Tableaux avec les couleurs; ils en ont fait de pierre de rapport, qu'on appelle Moſaïque; ils ont ſceu la Marqueterie & l'Art de repreſenter des figures par l'aſſemblage de petites pieces de bois de differentes couleurs. Ils ont encore peint avec la ſoye & l'aiguille, & fait des Tableaux de broderie, mais nous ne voyons pas qu'ils ſe ſoient jamais ſervis de coquillages comme l'on a fait icy. On peut dire que c'eſt une invention nouvelle, dont il ne paroiſt rien de ſi parfaitement achevé que dans cette Grotte; ſoit dans le choix de toutes les diverſes coquilles, & des autres choſes qui conviennent à un lieu tel que celuy-là; ſoit dans l'ordonnance & la diſpoſition des ornemens; ſoit dans la naturelle repreſentation des figures que l'on y a faites.

Quand on ne regarderoit cet Ouvrage que comme un travail composé de differentes ſortes de pierres & de coquillages, arrangez enſemble avec une justesse inimitable, & un amas tres-rare de petrifications, d'emaux, de croissances, de Nacre, & de Corail, on trouveroit qu'il y a de la richesse dans le choix de ces belles productions de la Nature. Mais si l'on considere l'industrie avec laquelle on a si bien sceu les employer, on verra qu'elle surpasse de beaucoup la richesse & la rareté de la matiere.

Du haut de la premiere Arcade du milieu, pend un morceau de roche de mer couronné de diverses sortes de coquilles, dont les unes ont un éclat semblable à celuy de l'Opale, & les autres sont marquetées comme une peau de

Tigre. Au bout de ce morceau de roche, il y a une croiſſance des Indes qui forme une roſe, à l'imitation de celles qu'on voit aux lambris des plus magnifiques Palais.

Dans les quatre Angles de cette voûte, ſont divers paneaux renfermez par une bordure faite de morceaux de roche, de coquillages, & de marcaſſites. Le fonds des quatre paneaux les plus proches du milieu de la voûte eſt bleu, ſur lequel il y a un Soleil formé de petites coquilles jaunes, dont le luſtre eſt ſi vif, qu'elles ſemblent d'or, & ſervent à relever par leur couleur & par leur éclat, ce qu'il y a de bien ordonné dans tous les autres ornemens.

Trois Fleurs-de-lys de ces mesmes coquilles accompagnent ce Soleil, qui est couronné d'une couronne fermée & faite de Nacre & d'autres coquilles tres-rares. Entre les cadres qui enferment les Fleurs-de-lys, on voit des poissons volans faits de differentes sortes de coquilles & élevez en bosse : Et afin qu'ils paroissent encore plus détachez, le fonds est brun & fait de petites coquilles grisastres. Au dessous des panneaux où sont les Soleils & les Fleurs-de lys, il y en a d'autres dont le fonds est d'un émail bleu ; là on voit plusieurs sortes de poissons representez au naturel. Tous ces differens panneaux ont leurs bordures de Nacre avec des entrelas composez de grandes coquilles qui viennent du côté du Nort.

Les deux autres voûtes qui sont aux costez de celle du milieu, sont aussi formées par des croisées d'Ogives qui les separent en quatre angles, dont tout le fond est d'une pierre rouge & divisé en plusieurs compartimens bordez d'un rang de grandes coquilles & d'un autre rang de plus petites. Un morceau de roche d'où sortent des branches de Corail, pend au milieu de la voûte en façon de cul-de-lampe. Aux quatre costez, sont quatre grandes coquilles faites de plusieurs coquillages, entre lesquelles sont de doubles LL composées de perles sur un fond bleu ; Elles sont couronnées ; & tout au tour l'on voit sur un fond d'Ametistes des poissons & d'autres animaux aquatiques.

Du milieu de chacune de ces deux voûtes & de ces morceaux de roche garnis de corail, pend un grand chandelier qui sert de lustre, mais qui est fait avec un artifice tout singulier. C'est un globe d'azur sur lequel sont trois branches posées en triangle & qui se joignant par le haut, forment trois Lyres garnies de leurs cordes de fil d'or. Elles sont d'azur de mesme que le

globe

globe, mais bordées de petites coquilles jaunes qui ſont comme un filet d'or. Par le bas elles ſont enrichies de grands feüillages de Nacre avec de groſſes perles qui marquent le milieu des feüilles. Ces Lyres ſont attachées enſemble par le haut avec des feſtons de divers coquillages & couronnées d'une couronne d'or; & du bas il ſort ſix Dragons faits de Nacre. Leur queuë environne le globe d'azur, & à voir leurs aîles étenduës, on diroit qu'ils ſe ſoûtiennent en l'air & pourroient voler s'ils n'eſtoient retenus par d'autres feſtons qui leur pendent ſur le col & les enchaiſnent. Ils tiennent dans leur gueule chacun un chandelier fait de plusieurs grandes coquilles qui servent de baubeches pour mettre des bougies la nuit, & d'où quand on veut il sort au lieu de bougies autant de jets d'eau qui s'élevent jusqu'à la voûte.

Un ancien Auteur a dit que la Lyre d'Apollon estoit de trois couleurs, sçavoir d'or par le haut, bleuë dans le milieu, & noire par le bas; pour signifier que le Soleil peint tout l'Univers; l'or representant le Ciel, le bleu l'eau & l'air, & le noir la terre. Mais je trouve que celles-cy sont bien plus significatives par les deux couleurs de bleu & de jaune, dont la premiere represente tout ce qui est enfermé dans la Sphere universelle du monde, où nos yeux ne découvrent qu'une masse bleuë éclairée des rayons du Soleil, qui sont figurez par ces filets d'or.

Les deux corps solides qui soûtiennent la voûte, & qui ont rapport aux trois arcades des portes estant élevez sur des plans en forme de croix, representent de chaque costé autant de pilastres, dont l'Imposte qui regne tout au tour doit estre considerée comme d'un ordre tout particulier qui n'est point travaillé de la main des hommes.

Contre chaque pilastre qui fait face tant du costé des por-

tres, que dans le milieu de l
Grotte, il y a un grand baſſi
de marbre jaſpé & taillé e
coquille de prés de cinq pied
de large ſur plus de trois pied
de ſaillie, ſoûtenu de troi
conſoles, qui ont pour orne
ment & pour ſupport une co
quille, le tout de marbre blan
& noir.

Le champ du pilaſtre eſt fai
de petites coquilles brunes
& ſa bordure eſt d'un rang
d'autres groſſes coquilles
Dans le milieu eſt un panneau
d'Ametiſtes, où ſont deux
grandes LL. à fleurons, entre-
laſſées & faites de perles, avec
une couronne compoſée de
Nacre & de coquilles jaunes.
La bordure de ce paneau eſt

de grosses coquilles qu'on nomme porcelaines, & d'autres petites coquilles en limaçon.

Au dessus est un masque de figure grotesque ; sa coeffure est bizarre ; il porte un panier remply de fruits & de fleurs de divers coquillages ; & de sa bouche tombe un boüillon d'eau dans le bassin qui est au dessous.

Aux deux costez du masque sont attachez deux grands festons de fruits & de fleurs. Ils sont soûtenus par un Triton & par une Syrene, si naturellement figurez, qu'on peut dire que s'il y a quelque chose dans cette Grotte où l'Art ait parfaitement imité la Nature, c'eſt dans la repreſentation de ces figures demy-homme ou femme, & demy-poiſſons. Car ſelon l'idée que nous pouvons avoir de ces ſortes de Monſtres marins, dont les Poëtes ont tant parlé, & que quelques Hiſtoriens meſmes aſſurent avoir eſté veus en pluſieurs endroits de l'Ocean, on diroit en voyant ceux-cy qu'ils ſont de veritables habitans de la mer, leſquels comme ſujets de Thetis viennent embellir ce lieu, & le parer de feſtons. Il ſemble qu'ils ſe ſoient gliſſez contre la roche qui les ſoûtient, & qui en cet endroit compoſe un paneau plus ruſtique que les autres, pour ſervir comme d'arrierecorps au pilaſtre. Juſqu'à leur ceinture ils ſont couverts de petites coquilles, qu'on appelle moulettes blanches, mais arangées avec tant d'égalité, qu'elles repreſentent parfaitement une peau, dont le grain eſt un peu gros; ou plûtoſt comme de petites écailles qui n'empeſchent en aucune maniere qu'on ne remarque la proportion de toutes les parties de leur corps. On voit juſques aux nerfs & aux muſcles les plus delicats, en ſorte que la ſculpture la plus artiſtement travaillée, ou la nature même ne feroit pas un plus bel effet, tant l'Ouvrier a bien ſceu donner à ſa figure la groſſeur neceſſaire pour y diſpoſer ces petits coquillages, & en conduire l'arangement avec l'artifice qu'on y voit. Le reſte du corps qui fait les cuiſſes & les jambes, ſe termine en une double queuë de poiſſon couverte d'écailles de Nacre, & dont les extremitez & les nageoires ſont de coquilles de mer & de rivieres; mais ſi bien taillées, qu'elles ſemblent de veritables queuës de poiſſons. Leurs cheveux ſont de roche d'Angleterre, dont la couleur brune repreſente des cheveux naturels.

Les Tritons ſoûtiennent d'une main les feſtons, & de l'autre une conque, de laquelle en ſoufflant ils font ſortir un gros jet d'eau, qui tombe dans la coquille de marbre. Les Syrenes ſont dans la meſme diſpoſition, horſmis qu'au lieu de conques, elles portent, les unes un Dauphin, les autres quelqu'autre eſpece de poiſſon qui vomit auſſi de l'eau dans le baſſin.

De ſorte qu'on voit des deux coſtez de cette Grotte aux coins de arcades, ſix Tritons & ſix Syrenes au naturel, qui jettent de l'eau dans les baſſins; & toutes ces figures ſont diſpoſées d'une ſi belle maniere, qu'encore qu'elles faſſent une meſme action, leurs attitudes neanmoins ſont ſi variées, qu'on découvre dans toutes les parties de leurs corps,& dans leurs mouvemens une infinité de differentes beautez. Elles ſont toutes reveſtuës de ſemblables écailles, excepté les Tritons qui ſont aux quatre extremitez de la Grotte, dont les queuës ne ſont pas de Nacre comme celles des autres, mais de coquilles moindres en beauté ; ce qui ſemble avoir eſté fait pour marquer quelque difference entre ces habitans de la mer.

Ce n'eſt pas toûjours la richeſſe de la matiere, ny la grandeur du travail, qu'il faut conſiderer dans un Ouvrage, c'eſt l'Eſprit & la belle Idée de celuy qui l'a conduit ; eſtant certain que plus l'eſprit paroît détaché du ſecours de la Nature dans quelque Ouvrage que ce ſoit, plus cet Ouvrage eſt digne d'admiration. Il n'y auroit rien d'extraordinaire dans cette Grotte, ſi tous les compartimens en eſtoient peints & enrichis d'or, mais c'eſt une choſe bien plus merveilleuſe, d'avoir ſans or & ſans couleurs repreſenté par un aſſemblage de differentes coquilles tout ce qu'on y a figuré, & de voir que toutes ces petites pieces ſont ſi ingenieuſement arrangées, que leurs couleurs naturelles font un meſme effet que le mélange & l'artifice de la peinture. C'eſt pourquoy il ne faut pas s'étonner, ſi je m'arreſte ſur chaque partie, parce que la grande varieté qui s'y rencontre faiſant la beauté & la richeſſe de ce lieu, il n'y a rien que je ne doive remarquer pour donner une entiere connoiſſance de tout l'Ouvrage, & pour faire de cette Grotte une veritable Image, qui ne ſeroit pas parfaite, ſi je ne faiſois un détail de toutes les choſes qui en dépendent.

Il y a donc aux deux bouts de cette Grotte deux grandes niches, dont l'Impoſte eſt de roche de graiſſerie avec des croiſſances à creſte de coq des Indes. Le dedans de la niche eſt par compartimens, où ſur un fond bleu ſont differens entrelas qui enferment des roſes de Nacre ſur un autre fond rouge; & l'endroit qui forme la clef, eſt un masque bizarre & fait de pluſieurs grandes coquilles.* Deux Statuës de marbre blanc, & d'un travail admirable, rempliſſent ces deux niches, l'une de ces Statuës repreſente la Nymphe Galathée, & l'autre le Berger Acys.

Aux coſtez de chaque niche, il y a deux grands paneaux remplis de deux glaces de miroir qui montent juſqu'à la corniche; & dans les deux angles qui font le quarré au deſſus de la meſme niche, on voit ſur un fond brun des limaçons faits de petites coquilles,

* *Elles ſont de la main du ſieur Baptiſte Tubi.*

& qui ſortans chacun d'une groſſe Notile de Perſe ſemblent cheminer, tant ils ſont naturellement repreſentez.

Entre la corniche & le cintre de la voûte, il y a ſur un fond brun deux cornes d'abondance renverſées, d'où ſortent des fruits & des fleurs. Les bouts de ces deux cornes environnent une Lyre poſée ſur un Zocle ruſtique, ayant d'un coſté un arc & un carquois plein de fléches, & de l'autre une javeline & un flambeau, dont la flame eſt repreſentée par pluſieurs branches de Corail. Au haut du cintre ſont attachez pluſieurs feſtons de fruits, & de fleurs, dont les extremitez pendent par gros bouquets.

La corniche qui regne, autour est faite de petrifications & de grosses coquilles toutes couvertes de branches de Corail rouge, ce qui cause un effet merveilleux sur le fond de Nacre, dont toute cette Grotte est revestuë.

Les Arcades des Grottes des deux costez, sont par le devant composées rustiquement de divers coquillages, de petrifications, d'ametistes, & d'autres sortes de pierres; & dans l'endroit qui forme les clefs des cintres sont des masques de differentes sortes: Mais l'arcade de la Grotte du milieu comme estant la principale, est plus riche; car elle est remplie de paneaux diverſement ornez avec un maſque qui marque le milieu du cintre. Pour le deſſous de l'arcade, il eſt pareil à ceux des deux autres, dont le fond eſt blanc, ſur lequel il y a deux rangs d'entrelas de couleur bleuë bordez de coquilles jaunes, & qui environnent pluſieurs roſes de differentes façons. Ces entrelas ſont ſeparez comme deux morceaux de broderie, par trois rangs de ces belles porcelaines qui ſont tachettées, & par d'autres coquilles de differentes eſpeces.

Au deſſous de la corniche, & ſur le corps qui forme une eſpece de pilaſtre, il y a ſur un fond blanc, trois grandes glaces

ces de miroirs environnées d'entrelas d'émail bleu, rebordez de jaune, & ſeparez les uns des autres par des roſes & des fleurons.

La Grotte du milieu eſt de figure quarrée ; ſa voûte en croiſée d'Ogive eſt bordée d'une bande de pierres rouſſaſtres mêlées de groſſes coquilles, & dans le milieu il y a une eſpece de roſe faite de croiſſances de mer.

Les quatre paneaux du milieu qui forment quatre triangles, ſont d'un Ouvrage ruſtique, & dans leſquels il y a quatre ronds, dont deux ſont remplis de doubles LL. couronnées, & les deux autres de Fleurs-de-lys, le tout de coquilles jaunes ſur un fond bleu. A coſté de chaque rond, il y a de groſſes coquilles des Indes nommées Bourgos, d'où ſortent des limaçons faits de petites coquilles noires.

Comme cette Grotte ſe commuique à deux autres par deux arcades qui ſont derriere les corps ſolides dont j'ay parlé, & qui ſoutiennent la voûte, les paneaux qui ſont au deſſus de ces arcades, ont leur fond bleu chargé d'un Soleil, & de deux oiſeaux aquatiques de differentes eſpeces, & faits de diverſes coquilles qui en repreſentent parfaitement bien le plumage.

Les paneaux qui font les coſtez des arcades ſont ornez d'entrelas & de roſes ſur un fond bleu ; & dans les embraſures dont le fond eſt blanc, il y a de chaque coſt étrois miroirs poſez l'un ſur l'autre, & entrelaſſez de la meſme maniere que ceux qui ſont aux coſtez des trois principales arcades.

Au fond de cette Grotte, on voit une grande niche, dont la clef de l'arc repreſente un maſque fait de pluſieurs groſſes coquilles. Les deux coſtez de la niche ſont de coquilles blanches, de meſme que le deſſous du cintre, qui eſt orné d'entrelas de couleur bleuë, bordez de diverſes coquilles, & mélez de roſes : Et dans les paneaux des costez, sont des festons attachez à d'autres roses, & qui tombent par gros bouquets. Tous ces paneaux sont enfermez par des bordures rustiques faites de plusieurs petrifications & coquillages.

Dans le fond de la niche, & à la hauteur de l'Imposte paroist comme dans le creux d'un rocher, un Vieillard qui represente le Dieu d'un fleuve; d'une main il tient un aviron fait de Nacre, & de l'autre une urne à demy renversée, sur laquelle il est appuyé. De ce vase sort un torrent d'eau, qui aprés s'estre répandu à l'entour de la roche où ce Vieillard est couché, retombe plus bas, & forme une grande nape de criſtal, ſemblable à un voile de gaze d'argent qui couvre le rocher, & qui s'étend derriere les figures qui ſont devant.

Ce Vieillard eſt repreſenté tout nud, ſon corps eſt formé de ces petites moulettes blanches, & travaillé de la meſme maniere que les Tritons & les Syrenes; ſa barbe eſt faite de petites coquilles noires, & ſes cheveux de meſme couleur, ſont environnez d'une couronne de jonc & de branches de corail.

Les deux autres Grottes des coſtez ſont de forme ovale; leurs voûtes faites en dôme ont le fond de pierre ruſtique, enrichi tout autour d'entrelas & de guillochis de Nacre, rebordez de coquilles jaunes; Et dans les entrelas, il y a des Fleurs-de-lys jaunes, ſur un fond bleu, & au deſſus pluſieurs oiſeaux formez de differens coquillages.

Au milieu de chacune de ces voûtes, eſt un gros cordon de relief fait de Nacre de perle, qui renferme une eſpece de roſe faite de pluſieurs belles coquilles, & de laquelle ſortent des croiſſances des Indes & des branches de corail. Du milieu de cette roſe pend un carquois de lapis enrichi de feüillages & d'autres ornemens faits de Nacre. Il eſt rempli de fleches empennées de Nacre, & couronné de branches de laurier. Aux quatre coſtez du carquois ſont attachez quatre arcs de Nacre qui ſoûtiennent dans leurs extremitez huit grandes coquilles, qui ſervent la nuit à mettre des bougies, & d'où quand on veut ſortent des jets d'eau comme de celles dont j'ay déja parlé; Des extremitez de ces arcs pendent des feſtons de fleurs faits de divers coquillages.

Les paneaux qui ſont au deſſus des arcades des coſtez, ont un fond brun, & dans le milleu il y a un maſque de coquilles plus precieuſes que les autres, où ſont attachez des festons de differentes fleurs aussi de coquilles tres-rares, & qui retombent sur deux bordures rondes de Nacre de perle, qui enferment de doubles L. sur un fond bleu.

Aux quatre costez sont quatre niches d'une moyenne grandeur, dont le fond de diverses pierres & de coquilles brunes, est divisé par compartimens. Le dessus de l'Imposte forme une grande coquille renversée & artistement travaillée de differens coquillages de plusieurs couleurs. Le paneau qui est au dessus des niches, est fait de ces petites coquilles jaunes qui font comme un fond d'or, sur lequel il y a dans le milieu une Fleur-de-lys de lys de Nacre, & à costé deux oiseaux de differentes especes.

Ces quatre niches sont remplies de petits rochers composez de plusieurs sortes de croissances de corail rouge & blanc, de marcassites, & de differenres pierres. Et parmy les pointes de ces rochers on voit une infinité de petits oiseaux qui font un ramage tres-agreable par l'effet de l'eau.

Au fond de chacune de ces deux Grottes, il y a, comme dans celle du milieu, une grande niche, dont les costez & le dedans sont de pierres rustiques & de coquilles noires, qui servent de differens fonds aux ornemens qui sont dessus.

Le haut de cette niche au dessus de l'Imposte, est rempli d'une grande coquille renversée, & formée de diver coquillages, ayant aux deux costez deux Limaçons de Nacre sortant d'une grosse coquille.

Vis-à-vis des arcades qui se communiquent à la Grotte du milieu, il y a une autre grande niche, dont les costez & le cintre sont de coquilles blanches, & ornez d'entrelas & de roses.

Le fond de ces niches est divisé en plusieurs paneaux, dans lesquels sont des oyseaux de divers coquillages, mais figurez sur le naturel; car la plusspart des oyseaux, & des autres animaux qu'on a representez dans la voûte, & dans les autres endroits de cette Grotte, ont esté faits d'aprés ceux que le Roy fait nourir dans la Menagerie de Versailles, qui tous sont tres-rares, & peu connus en ces pays.

Il seroit bien difficile de vouloir exprimer, avec quel art & quelle entente tous ces divers ornemens sont composez, parce que leur beauté & leur richesse consistant dans le choix & dans l'arangement des coquilles, dont les grandeurs, les couleurs, & les figures sont toutes differentes, il faut en voir toute la composition pour bien juger des raisons qu'on a euës de les dispoſer de la maniere qu'elles ſont : Mais cependant quelque genie, & quelque belle invention qui paroiſſe en tout ce que j'ay décrit, il n'y a rien de comparable à l'ordonnance & à l'expreſſion du ſujet qui eſt repreſenté dans les trois grandes niches de cette Grotte.

Sept grandes figures de marbre blanc, rempliſſent celle du milieu. Il y a mille choſes dignes d'eſtre conſiderées dans ce beau groupe, où l'on peut remarquer tout ce que la ſculpture eſt capable de faire de plus accomply. Mais je ne m'arreſteray qu'à parler en general des principales parties, afin de ne pas oſter à ceux qui les verront le plaiſir de découvrir eux-meſmes toutes les beautez que la ſcience & l'induſtrie des Ouvriers y a répanduës.

Ces figures repreſentent Apollon environné des Nymphes de Thetis, dont les unes luy lavent les pieds, les autres les mains, & les autres parfument ſes cheveux. Il eſt aſſis ſur un rocher, n'ayant pour tout veſtement qu'un grand manteau qui luy couvre une partie du corps. La Nymphe qui tient ſes cheveux, & trois autres qui en ſont les plus proches, laiſſent la place de devant libre à leurs compagnes, dont les actions meritent d'eſtre conſiderées. Elles ont un genoüil en terre, & sont baissées pour laver les jambes d'Apollon; Mais cette disposition qui n'empéche point qu'on ne voye facilement les autres qui sont derriere, est si naturelle & si conforme à ce que font les deux de devant, qu'il ne paroist pas qu'on ait affecté de les placer de la sorte. Il semble seulement que c'est l'office auquel elles sont occupées qui les a mises ainsi. Et c'est en quoy paroist davantage la force & la beauté du genie d'un Ouvrier, quand il sçait si bien ordonner toutes les parties de son Ouvrage, qu'on n'y voit rien d'embarassé; que l'arrangement en est naturel & faile ; & que les attitudes, quoy que differentes, n'ont rien de contraint, ny qui offence la veuë. Aussi bien loin de trouver dans celles-cy quelque chose de forcé & contraire à la Nature, on y voit une agreable contraste qui découvre une infinité de beautez dans toutes ces figures, dont les expressions conviennent parfaitement aux divinitez qu'elles representent. Il y a dans * l'Apollon une grandeur & une majesté digne du Dieu de la lumiere. Il paroist tel que les Poëtes & les plus fameux Sculpteurs l'ont toûjours representé. Car le Soleil & Apollon n'estant qu'une

* *Il est de la main du sieur Girardon.*

mesme divinité, ils l'ont figuré jeune, tant à cause que le Soleil se leve tous les jours, & semble naistre avec une nouvelle lumiere, qu'aussi pour marquer la beauté de cet Astre que nul autre n'égale. Sa longue chevelure marque l'épanchement de sa lumiere. Son corps n'est point si materiel que ceux des hommes ordinaires. On ne voit point dans cette Statuë, comme dans celle d'Hercule, ou mesme dans celle du Gladiateur, & des Luiteurs qui sont à Rome, ces parties fortes & robustes, qui ne sont belles qu'à cause qu'elles sont utiles, & qu'elles marquent plus de vigueur. Et c'est en cela qu'on a suivy les plus sçavans Sculpteurs de l'Antiquité, qui souvent ne representoient dans les corps de leurs Divinitez, que comme une legere apparence de nerfs & de muscles, parce que les supposans dans un estat glorieux & incorruptible, ils ne vouloient pas que ces marques de foiblesse & de corruption y parussent aussi fort que dans des hommes mortels : C'est pourquoy on voit qu'ils ont differemment representé leurs Heros, & qu'Hercule, qui dans ses travaux est figuré comme un homme puissant & robuste, est representé aprés sa mort de la mesme maniere que les autres Dieux. Dans cette Statuë incomparable qu'on en voit à Rome dans le Palais Farneſe, il paroiſt appuyé ſur ſa maſſuë ; & par les plis de ſes hanches, par ſon dos courbé, ſa teſte penchant un peu en devant, ſes jambes ſolidement placées pour ſoutenir la peſanteur de ſon corps, on connoiſt qu'il y a de la laſſitude, & qu'il ſe repoſe aprés avoir travaillé. Mais dans la figure d'Apollon, dont je parle, il n'y a rien de toutes ces marques de laſſitude ; au contraire on y découvre tant de legereté, qu'à peine paroiſt-il aſſis : Il ſemble qu'il ſe ſoûtient de luy-meſme, & dans la jambe & le bras qu'il allonge, on voit une action aiſée & facile, qui n'a rien d'un homme ordinaire.

Les trois Nymphes * qui ſont derriere Apollon n'eſtant pas ſi occupées que leurs compagnes, elles ont le corps plus couvert d'habits. Celle qui tient les cheveux d'Apollon, a quelque choſe de grand & de noble dans l'air de ſon viſage ; ſa coëffure & ſes habits ſont amples & majeſtueux. Celle qui porte un baſſin où il y a des parfums, a pardeſſus ſa robe une eſpece de Tunique, qui ne deſcend que juſqu'aux genoux, & dont le bas eſt orné d'une broderie. Et celle qui eſt de l'autre coſté,

* *Ces trois figures ſont de la main du ſieur Renaudin.*

& qui porte un vase, est aussi entierement vestuë, mais d'un habit fort leger qui n'empêche pas qu'on ne voye toute la forme de son corps.

Quant aux trois autres* Nymphes, elles sont moins chargées d'habits pour estre moins embarassées. Celle qui verse de l'eau sur la main d'Apollon, a un vestement qui n'est attaché que sur ses hanches; mais qui paroist d'une toile si fine, qu'on voit au travers toute la forme de son corps: Car le manteau qui luy tombe de dessus l'épaule droite, ne la cache guere, & l'on voit par la beauté de sa gorge, de ses bras, & de ses épaules, combien l'Ouvrier

* *Celles-cy sont encore du sieur Girardon.*

a tasché de surpasser la Nature, & de faire de cette figure un chef-d'œuvre de son Art. Il a mesme exprimé sur son visage une modestie si grande, que sa beauté semble tirer encore un nouvel éclat de la pudeur qu'on y voit si bien representée.

Il ne paroist pas moins de grace & de sagesse dans la Nymphe qui essuye les pieds de ce Dieu. Ses yeux & son action font connoistre le respect qu'elle a pour luy. Une draperie fort legere & retroussée au derriere de sa ceinture la couvre depuis les hanches jusqu'en bas, sans pourtant cacher la forme des cuisses & des jambes; Mais dans ce qui eſt découvert, on apperçoit tant de beauté, & tant de grace, qu'il eſt difficile de s'imaginer que les figures les plus eſtimées de l'Antiquité, fuſſent plus parfaites & plus accomplies. Les parties qui forment un dos bien fait, & qui en laiſſant dans le milieu un certain creux, marquent la place de l'épine, s'élevent en celuy-cy avec beaucoup de tendreſſe depuis les hanches juſqu'au haut des épaules, & ſont travaillées avec tant de ſçavoir & d'artifice, qu'on croit voir comme au travers d'une chair ferme & d'une peau delicate tous les muſcles du dos & des coſtez. Mais comme l'embonpoint les couvre presque tous également ; les endroits qui separent ces divers muscles les uns des autres, & qu'on appelle interstices, ne s'apperçoivent que fort peu, & il faut prendre des jours particuliers pour en découvrir la beauté du travail, parce qu'il y a tant de douceur, que les ombres en sont imperceptibles. Tout ce qui forme de beaux bras & de belles mains, se trouve dans les bras & dans les mains de cette figure : Et dans sa gorge & dans son estomach, il y a des beautez si naturelles, qu'on ne peut rien voir de plus parfait.

Pour l'autre Nymphe qui a aussi un genoüil en terre, elle

eſt diſpoſée de telle maniere, qu'on en voit tout le dos. Son veſtement luy tombe depuis la ceinture juſqu'en bas, & tout le reſte de ſon corps eſt nud. Elle fait une action contraire à celle dont je viens de parler, & au lieu de baiſſer la teſte, elle la leve, & meſme ſe redreſſe, comme pour parler. Ainſi on voit dans ſon dos & dans ſes épaules des effets tous differens de ceux de l'autre figure, parce qu'il paroiſt un certain enfoncement au droit de la ceinture où le corps ſe plie, & fait que l'épine ſe courbe en façon d'arc, ce qui cauſe dans la diſpoſition des muſcles des effets tous contraires à ceux qui paroiſſent

roissent, lors que la teste est baissée, & que le dos est tout courbé: Car les muscles estans relaschez, sont plus apparens, & l'on découvre plus aisément les endroits où ils sont separez les uns des autres.

C'est dans ces diverses dispositions, & ces attitudes contraires les unes aux autres, qu'un Sculpteur fait voir s'il est sçavant dans l'Anatomie, & s'il connoist parfaitement de quelle sorte les muscles & les nerfs en se renflant ou s'étendant, causent differentes apparences de hauteur selon l'action que fait le corps, & selon aussi qu'il est plus maigre & plus plein de chair.

Comme les mouvemens

de ces figures ſont doux & faciles, & que leurs expreſſions ſont aiſées & naturelles, il a falu les travailler encore avec plus d'Art. Car quoy que toutes ces Statuës repreſentent des perſonnes d'une nature delicate, & des corps, où il n'eſt pas neceſſaire de découvrir autant de muſcles & de veines, que dans ceux qui ſont robuſtes, & qui font des actions violentes; il ne faut pas neanmoins laiſſer de faire une étude des choſes qui ne paroiſſent pas, & de les mettre dans leur veritable place, quoy qu'elles ſoient cachées. Et quant à la douceur des mouvemens & des expreſſions, il eſt certain qu'elle eſt bien plus difficile à representer, que celle des actions violentes & des fortes passions qui causent un tel changement dans tout le corps & dans les traits du visage, qu'il est bien plus aisé à un Sculpteur d'exprimer de la douleur & de la colere, que de la pudeur ou de l'amour. Ces derniers n'impriment que de legers mouvemens, dont mesme selon l'opinion de plusieurs personnes, l'expression est plus difficile dans une Statuë de marbre, que dans un Tableau; parce que le mélange des couleurs est un grand secours pour representer les passions, & particulierement celles qui sont douces & delicates , comme la joye , l'amour & la pudeur , où ſouvent un peu de rouge qui ſe répand en quelques endroits du viſage , ſert beaucoup à les faire mieux paroiſtre.

Si dans la Peinture la beauté du pinceau eſt une des principales parties , auſſi dans la Sculpture le travail du cizeau merite bien d'eſtre conſideré. C'eſt pourquoy l'on doit regarder dans toutes ces figures, de quelle ſorte le Sculpteur leur a donné une ſi belle forme , qu'on n'y voit rien de rude ; que toutes les parties s'uniſſent enſemble tendrement, que ce qui repreſente la chair, ſemble une veritable chair ; & que dans les veſtemens meſme il n'y a aucunes duretez. Les plis ſuivent le nud, & ſont ſi bien recherchez, qu'ils paroiſſent des draperies & des linges tres-deliez, tant ils ſont bien jettez ſur le corps. Non ſeulement il y a de la diverſité dans tous les airs de teſte, mais auſſi dans les coëffures & dans l'arrangement des cheveux, dont la negligence fait une des principales beautez. L'on voit meſme dans ces Nymphes une difference d'âge, comme dans celle qui eſſuye les pieds d'Apollon, dont les bras & toutes les autres parties du corps paroiſſent moins formez, & avoir d'avantage de cette fraiſcheur, & de cette delicateſſe qui eſt naturelle aux jeunes filles. Enfin il n'y a rien dans ces figures qui ne ſoit travaillé avec beaucoup de ſoin: Et quoy que la diſpoſition du lieu où elles ſont placées, empeſche qu'on n'en puiſſe voir toutes les beautez, elles ſont neanmoins également achevées, & taillées d'un ſeul bloc de marbre, de meſme que les anciennes Statuës, où il n'y a rien de rejoint, ce qui eſt digne de remarque, tant à cauſe de la difficulté qui ſe rencontre dans le choix de la matiere, qu'à cauſe du ſoin qu'il faut apporter dans un ſi grand travail.

Dans l'une des Niches des coſtez, on voit deux des Chevaux d'Apollon avec deux

Tritons. Ces quatre figures * ſont diſpoſées en ſorte, qu'il paroiſt un agreable contraſte dans toutes leurs parties, à cauſe de leurs differentes actions. On diroit à voir ces chevaux, que commençant à ſe délaſſer du travail de la journée, & à ſe reſſentir de la fraiſcheur du lieu, & du bon traitement qu'on leur fait, ils ne demandent plus qu'à s'égayer. Car celuy qui eſt le plus avant dans la niche, baiſſe la teſte, & ſerrant les oreilles, mord la croupe de ſon compagnon d'une maniere enjoüée. Ce qui fait que l'autre cheval plie les jambes de derriere, & ſe cabrant à demy,

* *De la main des ſieurs Marsi.*

tourne la teſte, dreſſe les o-reilles, & ſemble hanir. Le Triton qui le penſe, leve le bras gauche, comme pour le retenir. L'on voit dans le dos & dans les bras de ce Triton de la force & de la vigueur: Et comme le bras gauche a-vance & s'éleve, l'épaule droite baiſſe & ſe retire en arriere, ce qui fait paroiſtre plus étendus les muſcles du coſté gauche.

Quant à l'autre Triton, il eſt dans une attitude toute contraire à celle que je viens de repreſenter. Il porte une grande coquille où eſt l'Am-broſie, dont les Poëtes diſent que les chevaux du Soleil ſont nouris.

Les

Les * deux autres Chevaux d'Apollon ſont dans l'autre Niche, & dans une diſpoſition toute differente des autres. Ils ſont veus par les coſtez, & ont auſſi deux Tritons pour les panſer. Dans toutes ces figures on voit avec combien d'Art & de ſcience les Ouvriers y ont travaillé.

Cependant quelque idée qu'on puiſſe avoir de cette Grotte ſur ce que je viens de dire, il eſt difficile de s'en figurer une image aſſez parfaite. Car outre la riche compoſition & le bel arrangement de toutes les differentes choſes que j'ay remarquées, le moyen de s'imaginer l'eſtat où elle

* *Du ſieur Guerin.*

paroiſt, lors que les eaux du reſervoir venant à ſe repandre par mille differens endroits , jaliſſent de toutes parts, & ſont quaſi le ſeul element qui remplit alors ce lieu. L'Urne du Dieu qui eſt couché dans la niche du milieu comme à l'entrée d'un antre, ſemble verſer une Riviere entiere, qui en formant de grandes napes d'eau, inonde toute la Grotte. Ce n'eſt pas pourtant le ſeul endroit d'où il en vient avec plus d'abondance : Il en ſort de gros boüillons dans les autres niches où ſont les chevaux d'Apollon. Les Tritons & les Syrenes qui ſont à coſté des arcades, en verſent dans les grandes coquilles de marbre qui ſont contre les pilaſtres. Elle tombe de tous les endroits de la voûte. Mais par un mouvement contraire à cette chute, il s'éleve d'une table de jaſpe qui eſt au milieu de l'Avant-Grotte un jet d'eau ſi gros & ſi furieux, que frappant avec violence la roſe qui eſt au haut de la voûte, il forme en cet endroit comme un gros champignon de criſtal, dont l'eau ſe répandant en rond, repreſente une eſpece de voile d'argent, qui ne ſe déchire point qu'il ne ſoit preſque tombé à bas. Il part encore d'entre les petits cailloux qui ſervent de pavé à cette Grotte & par mille trous imperceptibles, & commo de plusieurs sources, une infinité de jets d'eau, qui s'élevent avec tant de vigueur contre la voûte, qu'elle retombe avec autant de force qu'elle est montée. Ainsi ces differentes pluyes sont tellement confonduës, qu'il est impossible de discerner de quel costé elles viennent. Ce que l'on peut remarquer, est un nombre presque infini de petits globes de cristal parmy un amas confus de gouttes & d'atomes d'eau, qui semblent se mouvoir dans ce lieu-là, comme les atomes de lumiere qu'on découvre dans les rayons du Soleil. Et comme les pilliers & les costez de la Grotte sont remplis de miroirs, chaque eſpece venant à ſe multiplier, cette Grotte paroiſt d'une grandeur extraordinaire, & comme pluſieurs Grottes qui compoſent un Palais au milieu des eaux, dont l'étenduë ſemble n'avoir point de bornes.

Les Poiſſons & les differens Animaux qui ſervent d'ornemens contre la voûte & contre les lambris, paroiſſent alors vivans, & meſme comme nager, & s'éloigner plus ou moins de la veuë, ſelon qu'ils ſont plus grands ou plus petits, ou faits de coquilles plus ou moins éclatantes. Mais lors qu'au bruit de l'eau le Jeu des Orgues s'accorde avec le chant des petits oyſeaux dont j'ay parlé, qui par une induſtrie admirable, joignent leurs voix au ſon de cet inſtrument ; & que par un artifice encore plus ſurprenant, l'on entend un Echo qui repete cette douce muſique ; c'eſt dans ce temps là que par une ſi agreable ſymphonie les oreilles ne ſont pas moins charmées que les yeux. Il ſemble qu'on voye une image parfaite du concert de tous les Elemens, & qu'on ait trouvé l'Art de faire entendre dans ce lieu-là cette Harmonie de l'Univers, que les Poëtes ont repreſentée par la Lyre d'Apollon, comme celuy qui regle les Saiſons, & qui tempere les Elemens.

Si Ceux qui ont donné leurs ſoins à l'execution d'un ſi bel Ouvrage, meritent quelque honneur pour l'avoir mis dans une ſi haute perfection, que ne merite point Celuy qui donne le premier mouvement à toutes ces nobles Inventions, & par les lumieres duquel on ſe conduit, non ſeulement pour en former des corps parfaits en eux-meſmes, mais pour faire qu'ils ayent encore quelque rapport particulier au grand Prince pour qui on les entreprend. Car de meſme que les Poëtes ont feint, comme j'ay dit, que le Soleil aprés avoir achevé ſa courſe, va ſe repoſer dans le Palais de Thetis, & ſe délasser de ses travaux de la journée, on a pensé que cette fiction ingenieuse pouvoit servir d'un agreable sujet à une Grotte pour Versailles, où le Roy va de fois à autre prendre quelque relasche, & se délasser de ses grandes & illustres fatigues, sans que ce repos l'empesche de retourner aussi-tost au travail avec la mesme ardeur que le Soleil qui recommence à éclairer le monde au sortir des eaux où il s'est reposé. Et c'est sur cette Idée qu'on a mis ce lieu dans l'estat que je viens de décrire, mais qu'il faut voir de ses yeux pour en admirer davantage l'heureuse execution.

FIN.

www.ingramcontent.com/pod-product-compliance
Ingram Content Group UK Ltd.
Pitfield, Milton Keynes, MK11 3LW, UK
UKHW020942180726
13838UKWH00003B/1083

9 782329 420967